AF312396

1896 - Avril - 14

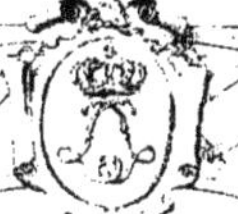

VENTE

Des 14, 15 et 16 Avril 1896

HOTEL DROUOT, SALLE N° 11

Dessins, Peintures, Aquarelles

COMPOSÉS POUR L'ILLUSTRATION

DES ŒUVRES DE

VICTOR HUGO, MOLIÈRE, A. DUMAS, G. SAND, ETC.

EXPOSITION PUBLIQUE, SALLE N° 11

Le Lundi 13 Avril, de 1 h. à 5 heures du soir

LIBRAIRIE DE L'ÉDITION NATIONALE

E. TESTARD, ÉDITEUR

18, Rue de Condé — Paris, 1896

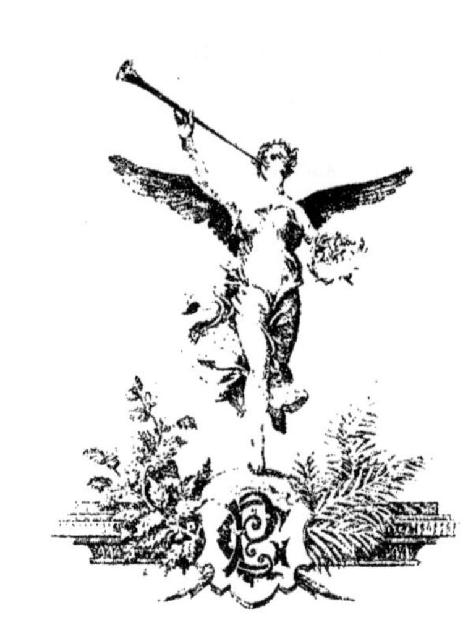

CATALOGUE ILLUSTRÉ

DE

L'ÉDITION NATIONALE

CONDITIONS DE LA VENTE

Elle sera faite au comptant.

Les acquéreurs paieront cinq pour cent en sus des enchères, applicables aux frais.

Tous droits de reproduction sont formellement interdits.

Paris. — Imp. Georges Petit. — 3197-96.

Catalogue Illustré

DES

DESSINS, PEINTURES ET AQUARELLES

DES PRINCIPAUX ARTISTES MODERNES

POUR L'ILLUSTRATION

Des Œuvres de Molière, Victor Hugo, Balzac, George Sand
Prosper Mérimée, etc.

ET DONT LA VENTE AURA LIEU

HOTEL DROUOT, SALLE N° 11

Les Mardi 14, Mercredi 15 et Jeudi 16 Avril 1896

A 2 HEURES PRÉCISES

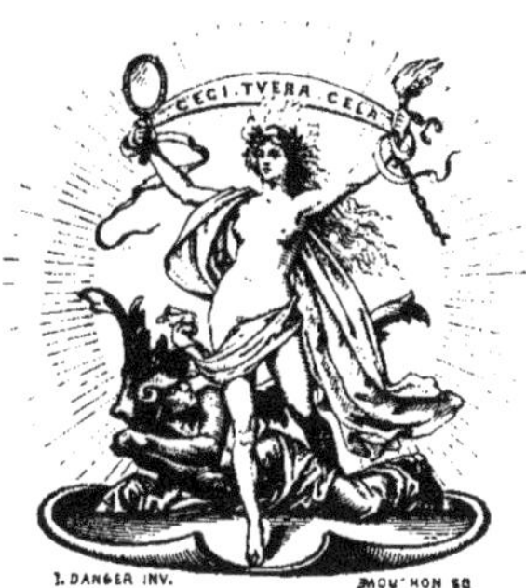

Commissaire-Priseur :	Expert :
Mᵉ LÉON TUAL	**M. GEORGES PETIT**
56, RUE DE LA VICTOIRE	RUE GODOT-DE-MAUROI, 12

EXPOSITION PUBLIQUE

Le LUNDI 13 Avril 1896, de 2 heures à 6 heures.

AVIS IMPORTANT

Tous les dessins sont vendus **sans droit de reproduction.**

ÉMILE TESTARD

Au moment où les enchères vont disperser les originaux
— peinture, sculpture et dessins — qui ont servi à illustrer les
publications de l'*Édition Nationale*, il nous a semblé que c'était
un devoir de pieuse gratitude, d'inscrire le nom d'Émile Testard
en tête de ce catalogue.

Sa mort subite a été une douleur pour tous ceux qui le con-
naissaient, une perte considérable pour tous ceux qui collection-
naient les éditions somptueuses publiées sous sa direction.

Le 25 décembre 1895, nous l'avions vu dans son cabinet de
la rue de Condé, au milieu de cette exquise collection d'œuvres
d'art, dont les amateurs vont se disputer les numéros. Il était
jeune, plein d'activité, de gaieté, d'esprit ; le succès qui était venu,
après le magnifique effort de l'Édition Nationale de Victor-Hugo,
et la grande édition de Molière, lui avait permis de donner
l'essor à des projets qui l'enchantaient, et ces projets prenaient
corps. De tous les artistes, de tous les écrivains qu'il avait appelés
à lui, il n'était pas un qui ne fût devenu son ami et qui ne se
sentît fier de cette amitié. C'est que Testard avait, à un degré
extrême, le tact renseigné des choses de l'art et le goût sûr des
bonnes lettres ; il était un intellectuel merveilleusement docu-
menté ; ses conseils étaient sages et il était profitable de les suivre.
Il était encore un causeur séduisant, un charmeur sachant tout
dire, ayant le secret d'envelopper sa critique de tant d'affabilité,
qu'il eût fallu être insensé pour n'en pas adopter la saine raison ;

avec cela, bienveillant d'esprit et généreux de cœur, attentif aux
sentiments où s'affirment les qualités d'une belle âme, simple
avec bonhomie, et brave avec simplicité.

Et voici que, le 30 décembre 1895, en un quart d'heure,
toute cette intelligence s'éteignit brusquement, par un de ces
coups terribles du destin, qui nous laissent émus et secoués devant
le mystère toujours indéchiffré de la vie. Lui qui, dépassant à
peine la quarantaine, semblait bâti pour fournir encore une
longue carrière, il était là, inerte, mort, vaincu par un mal dont
rien ne l'avait averti, au milieu de tous les siens, qui le chéris-
saient, et qui, sans avoir la nette compréhension de la catas-
trophe, étaient effondrés, muets, atterrés dans l'irréparable douleur.

Ah! ce fut une nouvelle rude pour nous tous, qui l'aimions et
l'estimions! C'était donc vrai! Il n'était plus! Il était sans mouvement, celui qui, pour réaliser son rêve d'artiste et de lettré, s'était
donné tant de mouvement. Il était là, immobile, pâle de cette
pâleur de cire qui parle d'éternel repos, presque souriant dans sa
jeunesse interrompue, d'un calme presque consolant au milieu
de cette désolation !

Pauvre ami! Où donc est-il, le temps où vous nous lisiez ce
roman délicieux et dramatique de *Jambes folles*, et ces récits, pleins
de fine observation et de gaieté vécue, des *Contes en omnibus*,
et cette comédie si étrangement belle du *Ruban?* Ces souvenirs
nous reviennent en foule, avec attendrissement, en songeant que
vous n'êtes pas là, et que vous, si riche d'avenir, vous n'êtes plus
que le passé, le passé que signent des larmes.

*
* *

Comment n'évoquerait-on pas le souvenir d'Émile Testard,
en voyant tous ces dessins qu'il avait réunis, qu'il avait pour ainsi
dire dictés à ses artistes!

C'est tout l'art moderne qui défile chez lui : Gérome, Benja-
min Constant, Rochegrosse, Doucet, Émile Adan, Rodin, Dalou,
J.-P. Laurens, Adrien Moreau, Lalauze, Maurice Leloir, J. Le

Blant, Jeanniot, Duez, Toudouze, Roux, Saunier, Lanos, Delort,
Avril, Urbain Bourgeois, Alb. Fourié, Lucien Métivet, Paul
Merwart, Cornillier, E. Fournier, Danger, les vétérans et les
nouveaux, chacun dans la note qui est sienne.

Car cela a été un des plus précieux mérites d'Émile Testard,
d'avoir su discerner, ainsi que nous l'écrivions autrefois, parmi
l'innombrable compétition des talents contemporains, ceux que
leur tempérament désignait à son choix pour l'interprétation de
telle ou telle œuvre. Il fallait, pour cette tâche difficile, une con-
naissance parfaite des variétés de tendances et de formules, et une
volonté rigoureuse de ne se laisser guider que par cette connais-
sance-là, devenue certitude à l'encontre des camaraderies et des
amitiés.

Or, — on peut bien le constater maintenant, — jamais nos
grands écrivains d'autrefois et d'hier, et même d'aujourd'hui,
n'auraient pu rêver d'interprètes à la fois plus fidèles et plus indé-
pendants dans leur art, que ceux qui leur ont été donnés : leurs
œuvres, éditées avec une pareille collaboration, nous reportent
à la plus belle période de la bibliophilie du siècle dernier, et
marquent réellement, avec un éclectisme de bon aloi, la grandeur
de l'époque du livre moderne.

Testard a eu le sens précis de ce que doit être la collaboration
étroite, intime, de l'écrivain et de l'illustrateur, de celui qui fait
voir par l'esprit et de celui qui fait penser par les yeux; il en a
cherché et trouvé l'expression, expression complexe, dans laquelle
il y a le point documentaire, qui appartient à une époque, à un
pays, à un événement spécifié, et le souffle insaisissable, éternel,
et marqué autrement que par des points d'arrêt, parce qu'il est la
vie elle-même, qu'il appartient à tous les temps, à toutes les
patries, à l'évolution de toutes les choses, à l'humanité toujours
renouvelée, toujours recommencée et toujours nouvelle!

Regardez attentivement les œuvres ici cataloguées : il s'y
trouve de fines merveilles : les vrais amateurs ne s'y tromperont
pas. Soit qu'on les conserve dans leur bordure, pour les piquer
dans la tenture comme de belles fleurettes d'art épanouies, soit
qu'on les insère dans les livres aux marges somptueuses, pour en
faire des exemplaires uniques, partout elles se défendront de leurs

seules qualités de concept et d'exécution, partout elles témoigne-
ront de l'effort puissant dont elles sont issues.

La loi de dispersion est une loi humaine : elle a sa tristesse ;
elle a également son côté consolant. Si la dispersion va jeter à tous
les vents un peu de l'âme de celui qui avait su collectionner et dans
le cas spécial qui nous occupe, créer la collection, le zèle des amateurs à recueillir chacun des feuillets séparés n'est-il pas un hom-
mage, le plus sensible de tous, rendu au goût et à la volonté de
l'ami disparu.

C'est pourquoi, avant que Me Tual ait clos les enchères, nous
avons voulu, devant tous les témoins d'une vie si bien remplie, si
dignement vécue et, hélas? si brusquement interrompue, adresser
un dernier adieu, l'adieu du souvenir fidèle, à Émile Testard, à
ce lutteur infatigable qui avait renouvelé l'art du livre et par sa
patience d'apôtre avait su triompher de l'indifférence et de
l'apathie contemporaines.

L. ROGER-MILÈS

28 Mars 1896.

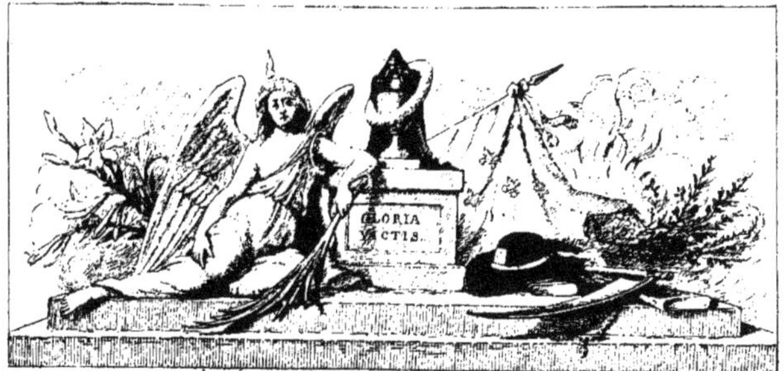

N° 1293

ÉDITION NATIONALE

DE L'ŒUVRE DE

VICTOR HUGO

COMPOSITIONS HORS TEXTE

EM. ADAN

1. Les Pauvres Gens.

(Légende des Siècles.)

ADELINE

2. Cathédrale de Reims.
3. Palais des princes de Liège.
4. Cologne.
5. La Chasse fantastique.

BOURGAIN

21. Radoub et Chante-en-hiver.
22. Cimourdain.

(Quatre-Vingt-Treize.)

BOURGEOIS

23. L'Abîme.

(Légende des Siècles.)

Mme BRACQUEMOND

24. Dizain de Femmes.

(Chansons des Rues et des Bois.)

BRUNET

25. Le Condamné à Mort.

(Avant l'Exil.)

BULAND

26. Les Élections.

(Napoléon le Petit.)

CARRIER-BELLEUSE

27. Prélude.

(Chan's du Crépuscule.)

CHAPERON

28. Garibaldi.

(Pendant l'Exil.)

CLAIRIN

29. Dante.

(Pendant l'Exil.)

COMERRE

30. Le Chasseur noir.

(Les Châtiments.)

CORNILLIER

31. Malédiction et Bénédiction.

(Le Pape.)

COURTAT

32. La Chanson de Sophocle.

(Légende des Siècles.)

DALOU

33. La Société est sauvée (bas-relief).

(Les Châtiments.)

DANGER

34. Portrait de Victor Hugo.

(Prime.)

DAWANT

35. La Violation de la Salle.
36. La Lutte.
37. La Victoire.
38. Les Expatriés.
39. L'Archevêque Sibour.

(Histoire d'un Crime.)

DEBAT-PONSAN

40. *Fiat voluntas.*

(Les Chants du Crépuscule.)

DELORT

DÉMAREST

DOUCET

DUEZ

ARM. DUMARESCQ

DUPRAY

59. Les Hommes de 93.

(Napoléon le Petit.)

DUPAIN

60. Le Sacre de la Femme.
61. La Confiance du marquis Fabrice.

(Légende des Siècles.)

J. FERRY

62. La Fin.

(Les Châtiments.)

ALB. FOURIÉ

63. Jeanne endormie.

(L'Art d'être grand-père.)

64. Les Pauvres gens.

(Prime.)

L.-E. FOURNIER

65. Les Misères de Londres.
66. Les Funérailles de Victor Hugo.
67. Voltaire.

(Après l'Exil.)

FRITEL

68. Torquemada.
69. Torquemada et le roi.

(Torquemada.)

CH. GARNIER

70. Le Catafalque.

(Prime.)

GÉROME

71. Le Sultan Mourad.

(La Légende des Siècles.)

GIRALDON

72. Le Chêne du parc détruit.

(Chansons des Rues et des Bois.)

GIRARDET

73. L'Entrée des Français à Madrid.

(Pendant l'Exil.)

GLAIZE

74. Non.

(Les Châtiments.)

GORGUET

75. Le Droit et la Loi.
76. Apothéose de Balzac.

(Avant l'Exil.)

GUELDRY

77. Voltaire à l'Académie.

(Littérature et Philosophie.)

HAQUETTE

78. L'Abordage.

(Pendant l'Exil.)

JEANNIOT

79. Oreste à jeun et Pylade ivre.
80. Le Guet-apens.
81. Le grand bourgeois.
82. Mort de Jean Valjean.
83. La Mort du Conventionnel.
84. Jean Valjean et Marius.
85. Éponine et le Bandit.
86. Javert et Jean Valjean sur la berge.
87. L'Inattendu.
88. Distractions.
89. Fauchelevent et le Fossoyeur.
90. La Mort du brigand.
91. La petite toute seule.
92. Mort d'Éponine.
93. La mort de Gavroche.

(Compositions pour les *Misérables*.)

LECOMTE DU NOUY

94. Le Poëte dans les Révolutions.

(*Prime*.)

H. LE ROUX

95. Le Chant de l'arène.

(*Chansons des Rues et des Bois*.)

ÉM. LEVY

96. Les Malheureux.

(*Les Contemplations*.)

H. MARTIN

97. L'Attente.
98. Le Suicide.

(*Angelo, tyran de Padoue*.)

LUC. MÉTIVET

99. Les Hommes du Deux-Décembre.
100. Réussis.

(Napoléon le Petit.)

MOREAU DE TOURS

101. Le Meurtre.

(Amy Robsart.)

OUTIN

102. George Sand.

(Après l'Exil.)

RAFFAELLI

103. Le Condamné à mort.

(Dernier jour d'un condamné.)

DE RICHEMOND

104. Le temple d'Éphèse.

(Légende des Siècles.)

ROBERT-FLEURY

105. A celle qui est restée en France.

(Contemplations.)

RODIN

106. Aristophane (groupe plâtre).

(La Légende des Siècles.)

G. ROUX

107. L'Enlèvement.
108. La Délivrance.

(Bug-Jargal.)

SCHOMMER

109. Mirabeau.

(Littérature et Philosophie.)

SLOM

110. Gobert.

(Après l'Exil.)

TATTEGRAIN

111. Le Siège de Lérida.

(Littérature et Philosophie.)

WAGREZ

112. Macbeth.

(William Shakespeare.)

ZIER

113. Alexandre Dumas.

(Après l'Exil.)

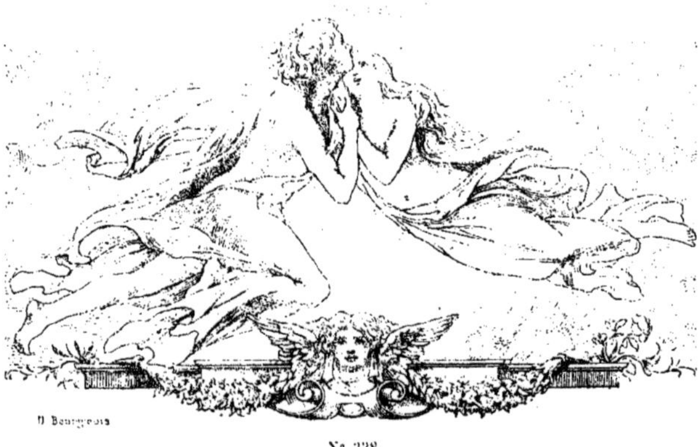

N° 338

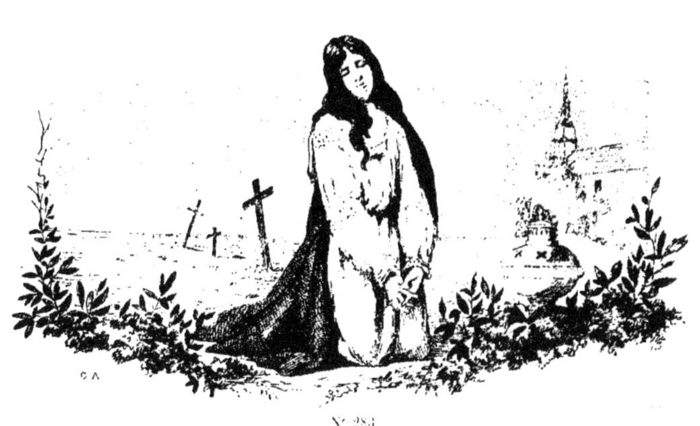

COMPOSITIONS DES VIGNETTES

ADELINE

ADELINE

130. Le Batelier.
131. Saint-Goar.
132. Les Girouettes.
133. L'Incendie.
134. Les Forgerons dans la Tour.
135. Le Falkenberg et la forêt de Sonn.
136. Le Donjon de Rudesheim.
137. Dôme de Mayence.
138. Vue de Francfort.
139. Vue du Rhin.
140. Cathédrale de Worms.
141. Cathédrale de Spire.
142. Tonneau d'Heidelberg.
143. Cathédrale de Toul.
144. Cathédrale de Strasbourg.
145. Fribourg.
146. Les Fontaines de Bâle.
147. Enseignes de Zurich.
148. La Gargouille.
149. Bâle.
150. Les Toits de Zurich.
151. Hôtel-de-Ville de Schaffausen.
152. Cataracte du Rhin.
153. Château de Chillon.
154. L'Europe au xviiie siècle.
155-173. Lettres ornées.

(*Le Rhin.*)

D. ALAUX

174. Un jour je vis, debout au bord des flots mouvants.
175. A ma Fille.
176. Mes deux Filles.

D. ALAUX

D. ALAUX

D. ALAUX

(Contemplations.)

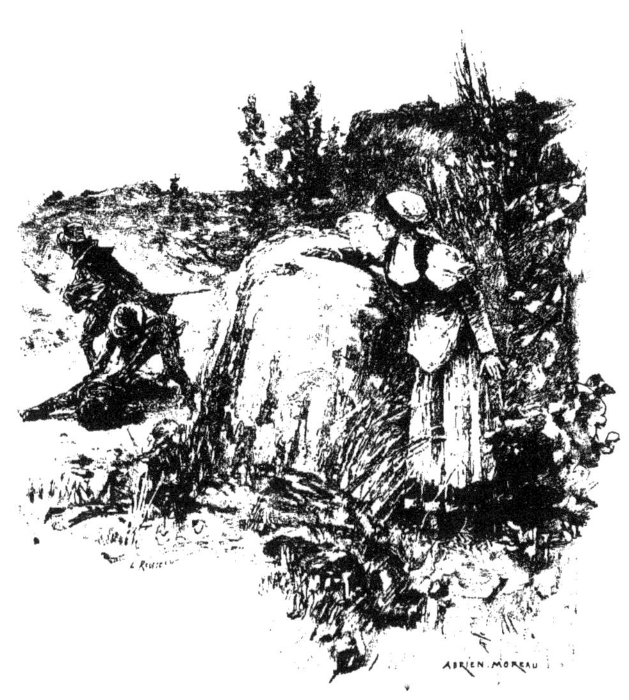

N° 1590

G. ALAUX

G. ALAUX

(Les Feuilles d'Automne.

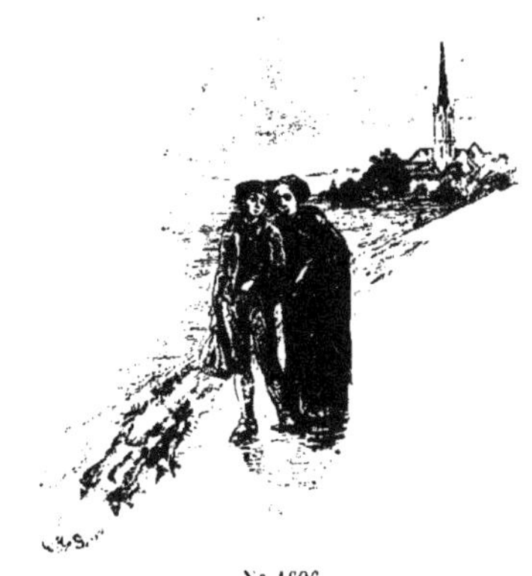

N° 1696

P. AVRIL

(Chansons des Rues et des Bois.)

BAUGNIES

(L'Année terrible.)

G. BOURGAIN

(Quatre-Vingt-Treize.)

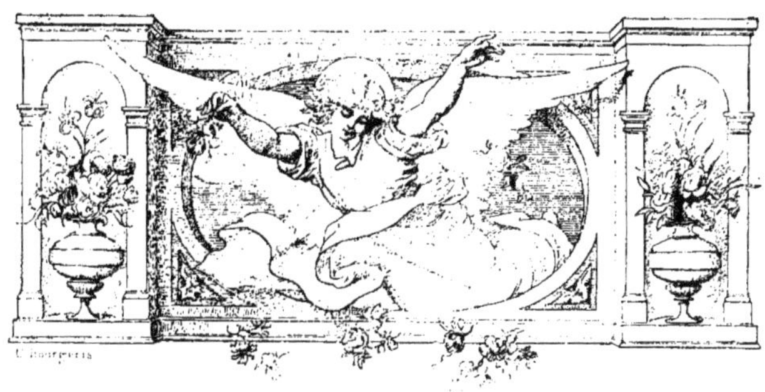

URBAIN BOURGEOIS

322. Pure Innocence ! vertu sainte.
323. 15 Février 1843.
324. Trois ans après.
325. Oh ! je fus comme fou dans le premier moment.
326. Elle avait pris ce pli dans son âge enfantin.
327. Quand nous habitions ensemble.
328. Elle était pâle, et pourtant rose.
329. A qui donc sommes-nous ?... qui nous a ? qui nous même ?
330. O souvenirs ! Printemps ! Aurore !
331. Pendant que le marin, qui calcule et qui doute.
332. On vit, on parle, on a le ciel et les nuages.
333. A quoi songeaient les deux cavaliers dans la forêt.
334. *Veni, vidi, vixi.*
335. Demain, dès l'aube, à l'heure où blanchit la campagne.
336. A Villequier.
337. *Mors.*
338. Charles Vacquerie.
339. A Aug. V***.
340. Au Fils d'un poëte.
341. Écrit en 1846.

URBAIN BOURGEOIS

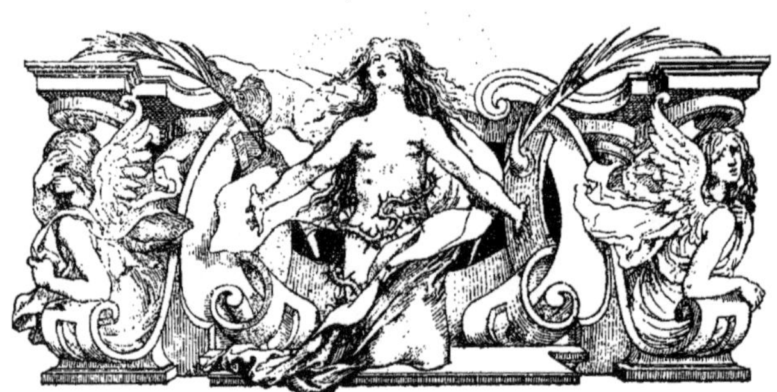

Nº 336

URBAIN BOURGEOIS

359. *Nomen, numen, lumen.*
360. Ce que dit la bouche d'ombre.
361. A Celle qui est restée en France.

(Contemplations.)

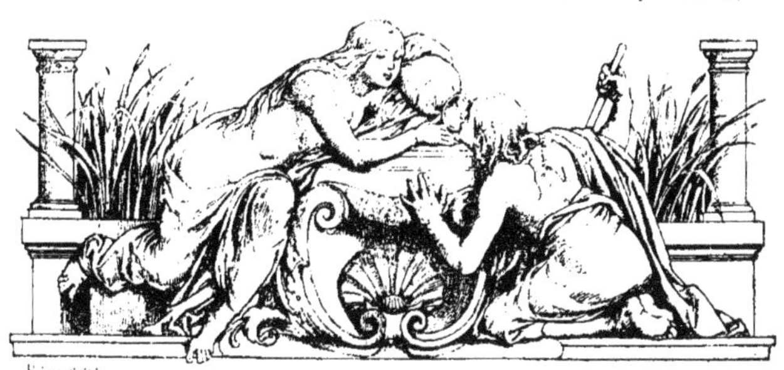

N° 342

DE BRÉVILLE

362. Fonction du Poëte.
363. Le 7 Août 1829.
364. Au Roi Louis-Philippe.
365. Regard jeté dans une mansarde.
366. On croyait dans ces temps.
367. Le Monde et le Siècle.
368. A M. le D. de ***.
369. A Mademoiselle Fanny de P***.
370. Comme dans les étangs assoupis sous les bois.
371. *Fiat voluntas.*
372. A Laure, duchesse d'A***.
373. Dans le cimetière de ***.
374. Mères, l'enfant qui joue à votre seuil joyeux.
375. Ecrit sur la vitre d'une fenêtre flamande.

DE BRÉVILLE

(Les Rayons et les Ombres.)

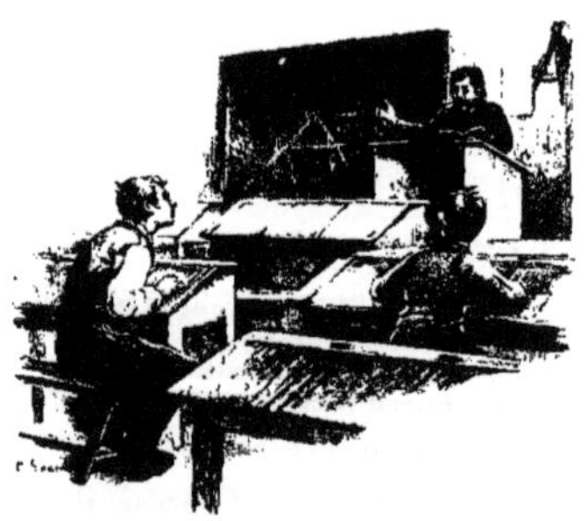

N° 1694

CAVAILLÉ-COLL

394. Autre guitare.
395. J'eus toujours de l'amour pour les choses ailées.
396. Sur un homme populaire.

(Les Rayons et les Ombres.)

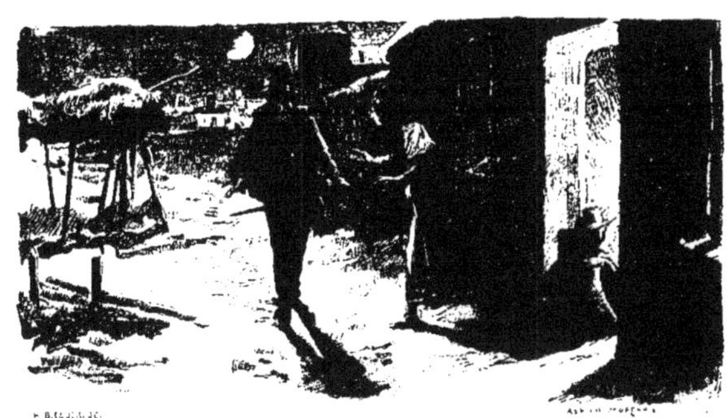

Nº 1626

P. CORNILLIER

397. Un Grenier.
398. Le Pape aux foules.
399. L'Infaillibilité.
400. En voyant passer des brebis tondues.
401. Entrant à Jérusalem.
402. Pensif devant le destin.

(Le Pape.)

403. Questions.
404. Conclusions.

(Religion et Religions.)

E. COUTY.

E. COUTY

438. Dans l'église de ***.
439. Écrit sur la première page d'un Pétrarque.
440. Les autres en tout sens laissent aller leur vie.
441. Toi ! sois bénie à jamais.
442. A Mademoiselle Louise B***.
443. Que nous avons le doute en nous.
444. *Date lilia.*

Chants du Crépuscule.

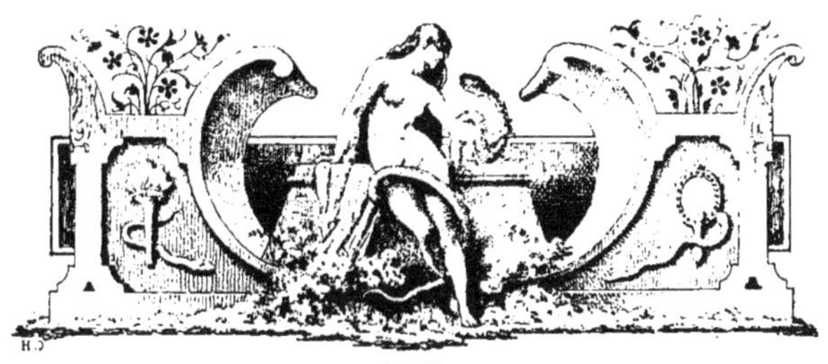

N° 490

DANGER

445. Au moment de rentrer en France.
446. Au peuple.
447. Idylles.
448. Souvenir de la nuit du 4 Août.
449. O soleil, ô face divine.
450. Puisque le juste est dans l'abîme.
451. France ! à l'heure où tu te prosternes.
452. Toulon.
453. Approchez-vous ; ceci, c'est le tas des dévots.
454. Aux Morts du 4 Décembre.

DANGER

DANGER

DANGER

DANGER

553. Écoutez. Je suis Jean. J'ai vu des choses sombres.
554. Croire, mais pas en nous.
555. Pleurs dans la nuit.

(Contemplations.)

556. Le Spectacle rassurant.
557. Que la Musique date du xvie siècle.

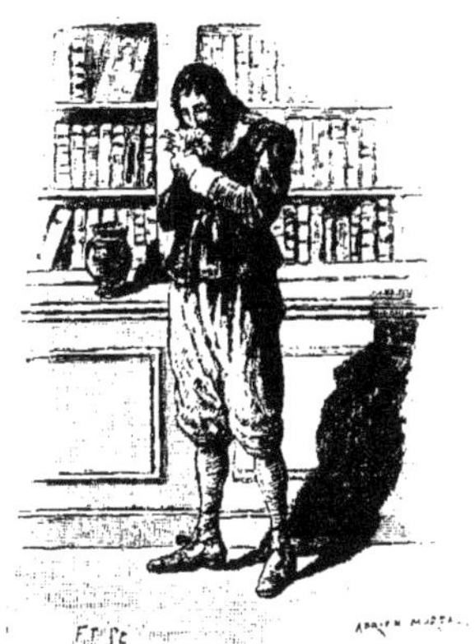

N° 1623

DAWANT

558. Sécurité.
559. Ce qui s'était passé dans la nuit.
560. Les Affiches.
561. Violation de la salle.
562. La Haute Cour.
563. Mairie du Xe arrondissement.
564. Caserne d'Orsay.

DAWANT

DELORT

DELORT

DELORT

627. Ce qui erre ne se trompe pas.
628. Aucun homme ne passerait brusquement.
629. Ce que dit le Misanthrope.
630. Complications.
631. *Manibus surdis campana muta.*
632. La Raison d'État travaille en petit comme en grand.
633. Réveil.
634. Ève.
635. On se reconnaît.
636. Direction des choses majestueuses.
637. La Vieille Chambre.
638. La Haute et la Basse.
639. Les Tempêtes d'hommes.
640. Serait bon frère, s'il était bon fils.
641. C'est à travers l'excès de grandeur.
642. Impartialité.
643. Résidu.
644. Chien de garde.
645. Le Paradis retrouvé ici-bas.
646. Non, là-haut.
647. Le Port de Londres.
648. Isolement.
649 La ressource suprême.
650. Écosse, Irlande et Angleterre.
651. Ursus le poëte.

(L'Homme qui rit.)

DÉMAREST

652. Andrew, allez dire.
653. Voilà où conduit l'Amour.
654. Une heure environ après.
655. Où l'Honneur veillait.

DÉMAREST

656.   Le Fanal du château.
657.   Loëvig est un gros bourg.
658.   Dans une Salle attenante.
659.   Les Rivages de Norvège.

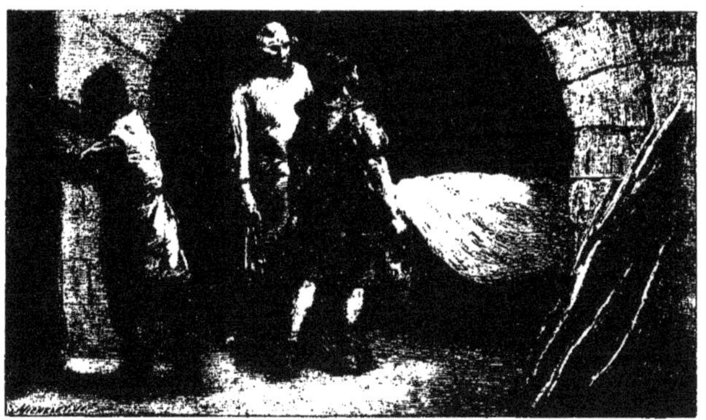

N° 663

660.   *Benigne spiat quare.*
661.   Oui, Seigneur Comte.
662.   Retournons sur nos pas.
663.   Cependant l'aventureux Ordener.
664.   Le Soleil se couchait.
665.   Ordener descendit de la Tour.
666.   Le Premier rayon du Soleil.
667.   Le Régiment des Arquebusiers.
668.   Il y a quelque chose de sinistre.
669.   C'est dans une sombre Forêt.
670.   Pendant que la Conversation.
671.   Guenon, Perroquet, Singe.

DÉMAREST

(*Han d'Islande.*)

J. DRUILLET

J. DRUILLET

701.   Le Comte Félibien.
702.   Quelqu'un met le holà.
703.   Au Lion d'Androclès.
704.   L'An neuf de l'hégire.
705.   Mahomet.
706.   Le Cèdre.

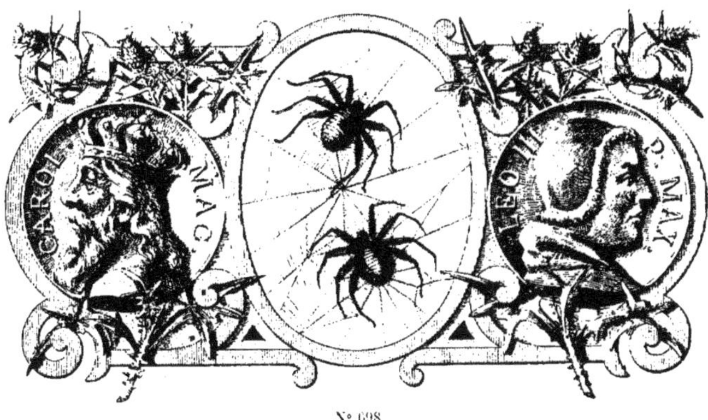

N° 698

707.   Le Cid exilé.
708.   Les Sept Merveilles du Monde.
709.   Welf, castellan d'Osbor.
710.   Le Premier Jour. — Gens de Guerre et Gens d'Église.
711.   Le Deuxième Jour. — Rois et Peuples
712.   Le Troisième Jour. — Les Catastrophes.
713.   Le Quatrième Jour. — Dieu.
714.   La Paternité.
715.   Le Satyre.
716.   Clarté d'âmes.
717.   La Chanson des aventuriers de la mer.
718.   *Inferi*.

J. DRUILLET

719. Archiloque l'atteste, Athènes l'entendit.
720. Un Voleur à un Roi.
721. Les Mangeurs.
722. Aux Rois.
723. L'Homme se trompe.
724. Les Paysans au bord de la mer.
725. Un Homme aux yeux profonds passait; un Patriarche...
726. Un grand esprit en marche a ses rumeurs, ses houles.
727. Autrefois, j'ai connu Ferdousi dans Mysore.
728. Le Lapidé.
729. Regardez-les jouer sur le sable accroupis.
730. Il faut boire et frapper la terre d'un pied libre.
731. En Grèce.
732. Désintéressement.
733. L'Océan.
734. A l'Homme.
735. Le Temple.
736. Tout le Passé et tout l'Avenir.
737. L'Hydre.
738. Quand le Cid fut entré.
739. Le Romancero du Cid.
740. Le Roi de Perse.
741. L'Idylle du Vieillard.
742. Dieu invisible au Philosophe.

(Légende des Siècles.)

DUEZ

743. Gilliatt monte l'escalier.
744. Vie agitée.
745. Conversations de l'Auberge Jean.
746. Clubin aperçoit quelqu'un.

DUEZ

747. Les Deniquoiseaux.
748. La Jacressarde.
749. Carambolage de la Bille rouge.
750. Propos interrompus.
751. Clubin met le comble à l'admiration.
752. Un Intérieur d'abîme éclairé.
753. La Perle au fond du précipice.
754. Beaucoup d'étonnement.
755. Endroit où il est malaisé d'arriver.
756. Examen local préalable.
757. Une Chambre pour le Voyageur.
758. *Importunæque volucres.*
759. La Forge.
760. Les dedans de l'édifice sous mer.
761. Ce qu'on y voit.
762. *Sub Re.*
763. Péripéties plutôt que Dévouement.
764. Le Combat.
765. Qui a faim n'est pas le seul.
766. Le Monstre.
767. *De profundis adatum.*
768. Il y a une oreille dans l'inconnu.
769. La Cloche du port.
770. Joie entremêlée d'angoisse.
771. La Malle en cuir.
772. La Prévoyance de l'Abnégation.
773. Pour ta Femme.
774. La Grande Tombe.

(*Les Travailleurs de la Mer.*)

ED. DUPAIN

775. Les Précurseurs.
776. La Mère qui défend son petit.
777. Un Cri.
778. Pas de représailles.
779. Un jour, je vis le sang couler de toutes parts.
780. Expulsé de Belgique.

(L'Année terrible.)

781. Le Roi.
782. Le Vieillard.
783. Le Tombeau.
784. La Noce.

(Hernani.)

785. Don Sallustre.
786. Ruy-Blas.

(Ruy-Blas.)

ALBERT FOURIÉ

787. Dénoncé à Celui qui chassa les vendeurs du Temple.
788. Les Enterrements civils.
789. Victorieux ou Mort.
790. Le Prisonnier.
791. L'Élégie des fléaux.
792. Les Hommes de paix aux Hommes de guerre.
793. Le Crapaud.
794. La Vision de Dante.
795. Écoute ; — nous vivrons, nous saignerons.
796. Dieu fait les questions pour que l'Enfant réponde.
797. Par-dessus le marché je dois être ravi.
798. Rupture avec ce qui amoindrit.
799. Guerre civile.
800. Fonction de l'Enfant.

ALBERT FOURIÉ

801.   Question sociale.
802.   Plein Ciel.
803.   O Dieu, dont l'œuvre va plus loin que notre rêve.
804   Abîme.
805.   Je ne me sentais plus vivant.

(Légende des Siècles.)

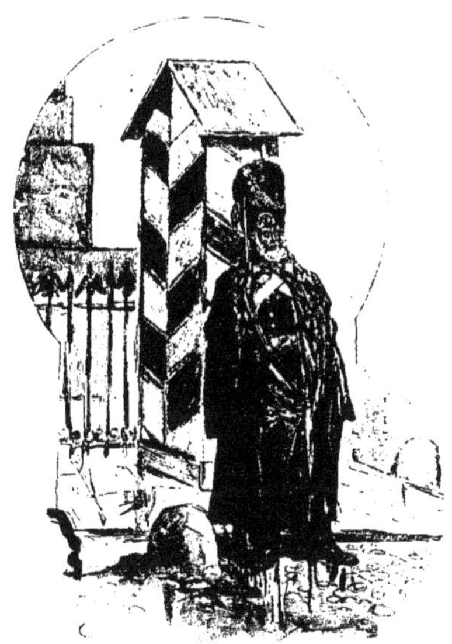

N° 1474

ALBERT FOURIÉ

806. Qu'est-ce que cette terre? Une tempête d'âmes.
807. Jeanne fait son entrée.
808. L'Autre.
809. Georges et Jeanne.
810. Parfois, je me sens pris d'horreur.
811. Je prendrai par la main les deux petits.
812. Fenêtres ouvertes.
813. Encore Dieu.
814. Tous les bas âges sont épars.
815. C'est une émotion étrange.
816. L'Immaculée-Conception.
817. Le *Syllabus*.
818. Toutes sortes d'enfants, blonds, lumineux, vermeils.
819. Mon âme est faite ainsi que jamais ni l'idee...
820. La Cicatrice.
821. Une Tape.
822. Ma Jeanne.
823. Et Jeanne à Mariette a dit : Je savais bien.
824. Tout pardonner, c'est trop.
825. Pepita.
826. Dans le Jardin.
827. La Mise en liberté.
828. Jeanne dort.
829. A Propos de la loi dite Liberté de l'enseignement.
830. Les Enfants pauvres.
831. Encore l'Immaculée-Conception.
832. Chanson d'Ancêtre.
833. L'Oiseau chante; je suis au fond des rêveries.
834. Patrie.
835. Progrès.
836. Fraternité.
837. L'Ame à la poursuite du Vrai.
838. Le Paladin.

(*L'Art d'être Grand-Père.*)

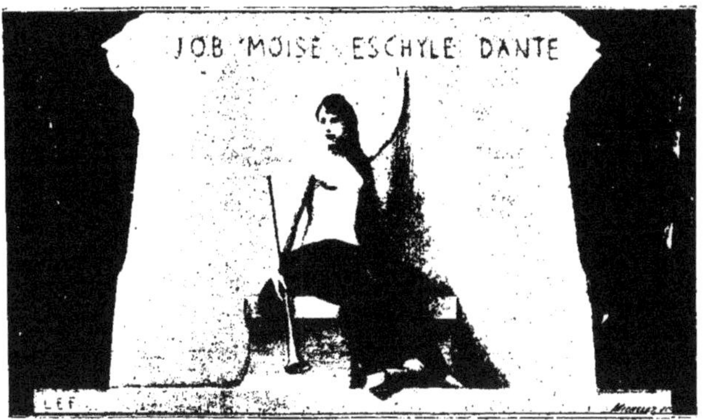

N° 870

L.-E. FOURNIER

839. *Inde iræ.*
840. Éclipse.
841. Le Soutien des empires.
842. Écrit sur la première page d'un livre de Joseph de Maistre.
843. A un homme fini.
844. Eh! les chevaux.
845. Les Balances.
846. Clémence.
847. L'Ane.
848. *Anima vilis.*
849. Littérature.
850. Le Mont-aux-Pendus.
851. Le Bout de l'oreille.
852. L'Échafaud.
853. Jolies Femmes.
854. Elle passa. Je crois qu'elle m'avait souri.
855. Sur un portrait de sainte.
856. Les Bonzes.
857. Muse, un nommé Ségur, évêque, m'est hostile.
858. Oui, vous avez raison, je suis un imbécile.

L.-E. FOURNIER

859. Ainsi, nous n'avons plus Strasbourg.
860. Ils sont toujours là.
861. La marquise Zabeth.
862. Je suis fait d'ombre et de marbre.
863. Aux Oiseaux et aux Nuages.

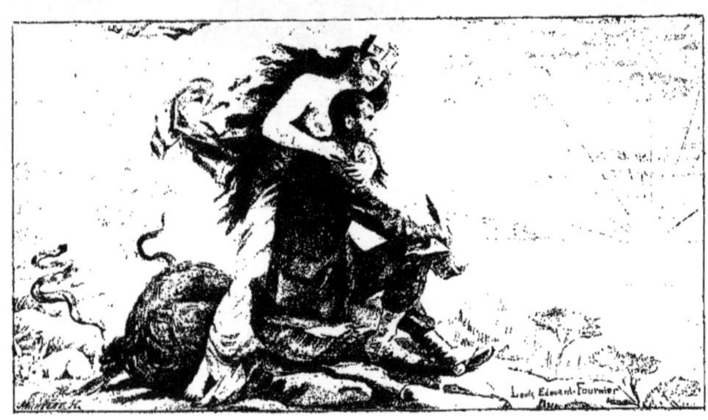

Nº 849

864. Quand le Bien et le Mal, couple qui nous obsède.
865. Chanson d'autrefois.
866. Mont Saint-Michel.
867. A ma fille Adèle.
868. Le Parisien du faubourg.
869. Une Rongeur au zénith.
870. L'Ame humaine est sans cesse en tous les sens poussée.
871. Aux Proscrits.
872. Les Statues.
873. La Nuit.

(Les Quatre Vents de l'Esprit.)

874. Ce que c'est que l'Exil.

J.-E. FOURNIER

875. En quittant la Belgique.
876. En arrivant à Jersey.
877. Sur la tombe de Jean Bousquet.
878. Aux habitants de Guernesey.
879. A Lord Palmerston.
880. La Guerre d'Orient.
881. Le Bal des Tuileries.
882. A l'Italie.
883. L'Amnistie.
884. Rentrée à Jersey.
885. L'Expédition de Chine.
886. Les Condamnés de Charleroi.
887. A l'Armée russe.
888. Le Centenaire de Shakespeare.
889. Émily de Putren.
890. La Liberté.
891. La Crète.
892. Mentana.
893. Au tombeau de Manin.
894. La Crète.
895. Cuba.
896. Lucrèce Borgia.
897. Aux Marins de la Manche.

(Pendant l'Exil.)

FRAIPONT

898. 1822.
899. 1824.
900. 1826.
901. Premier Soupir.

FRAIPONT

902. Regret.
903. Au vallon de Cherizy.
904. A Toi.
905. La Chauve-Souris.
906. Le Nuage.
907. Le Cauchemar.
908. Le Matin.
909. Mon Enfance.
910. A G.....y.
911. Paysage.
912. Encore à toi.
913. Sans Nom.
914. Actions de grâces.
915. A mes Amis.
916. A l'Ombre d'un enfant.
917. A une Jeune Fille.
918. Aux Ruines de Montfort-l'Amaury.
919. Le Voyage.
920. Promenade.
921. A Ramon, duc de Béarn.
922. Le Portrait d'une Enfant.
923. A Madame la comtesse de A. H***.
924. Pluie d'Été.
925. Rêves.
926. Une Fée.
927. La Grand'Mère.
928. Le Géant.
929. La Fée et la Péri.

(*Odes et Ballades.*)

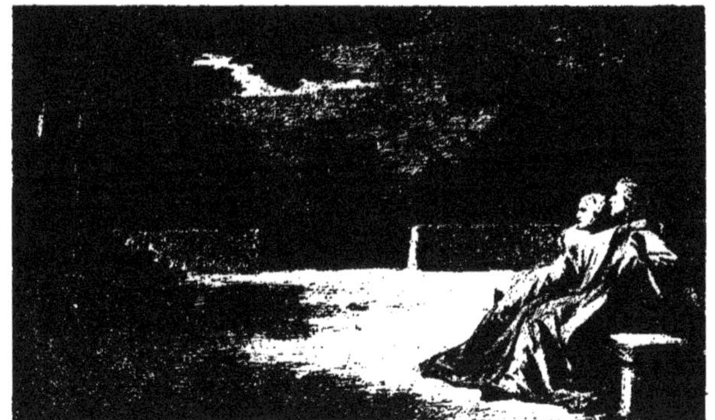

N° 934

FRITEL

930. Couvent mal gardé.
931. Qu'entend là
932. Mais c'est un rêve.
933. De l'argent, de l'argent!
934. Daignez-vous souvenir.

(*Torquemada.*)

GIRALDON

935. Souvenir des vieilles guerres.
936. La Méridienne du lion.
937.. Pendant une maladie.
938. A un Ami.

(*Chansons des Rues et des Bois.*)

GORGUET

939. Le Droit et la Loi.
940. Discours de réception à l'Académie.
941. Réponse à Saint-Marc Girardin.
942. Réponse à Sainte-Beuve.
943. La Pologne.
944. Consolidation et défense du Littoral.
945. Famille Bonaparte.
946. Pape Pie IX.
947. Lettre aux Électeurs.
948. Ateliers nationaux.
949. La Misère.
950. Expédition de Rome.
951. La Déportation.
952. Le Suffrage Universel.
953. Liberté de la Presse.
954. Revision de la Constitution.
955. Discours au Congrès de la Loi.
956. Pour Charles Hugo.
957. Procès de l'*Événement*.
958. Casimir Delavigne.
959. Frédéric Soulié.
960. Balzac.
961. Le 2 Décembre 1851.

(Avant l'Exil.)

GUÉRIN DES LONGRAIS

962. Suprématie.
963. La Vision d'où est sorti ce livre.
964. Le Sacre de la femme.
965. La Conscience.
966. Puissance égale bonté.

GUÉRIN DES LONGRAIS

967. Les Lions.
968. Le Temple.
969. Booz endormi.
970. Le Parricide.
971. Le Mariage de Roland.
972. Ameyrillot.
973. Bivar.
974. Le Jour des Rois.
975. La Terre.

(Légende des Siècles.)

GUMERY

976. Le Cheval.
977. Orphée, au bois de Caystre.
978. Le Poëte bat aux champs.
979. Interruption à une lecture de Platon.
980. Quand les guignes furent mangées.
981. *Geniob liri.*
982. En sortant du collège.
983. *Paupertas.*
984. Choses écrites à Créteil.
985. O Hyménée!
986. Meudon.
987. Bas à l'oreille du lecteur.
988. *Senior est junior.*
989. Le Doigt de la Femme.
990. Confiance.
991. Le Vrai dans le vin.
992. L'Ascension humaine.
993. Le Grand Siècle.
994. Au Cheval.

(Chansons des Rues et des Bois.)

GUMERY

995. Philosophie des sacres et couronnements.
996. A Ceux qui reparlent de fraternité.
997. En quittant Bruxelles.
998. A Madame Paul Meurice.
999. A qui la faute?
1000. La Prisonnière passe, elle est blessée.
1001. Une Femme m'a dit ceci.
1002. Les Deux Trophées.
1003. Paris incendié.
1004. Une Nuit à Bruxelles.
1005. O Charles.
1006. Les Deux Voix.
1007. Flux et Reflux.
1008. Les Crucifiés.
1009. Le Procès à la Révolution.

(L'Année terrible.)

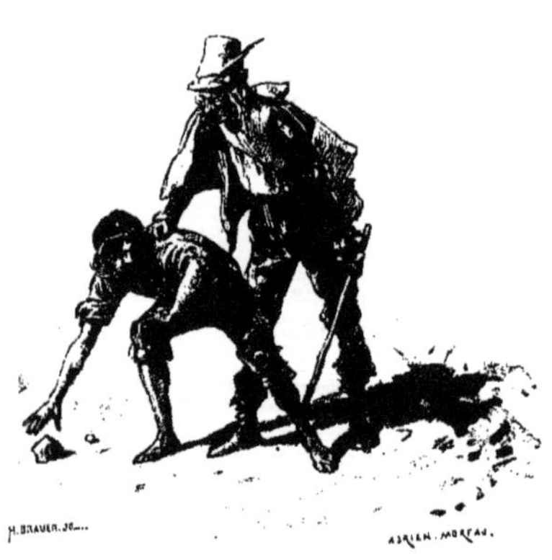

Nº 1384

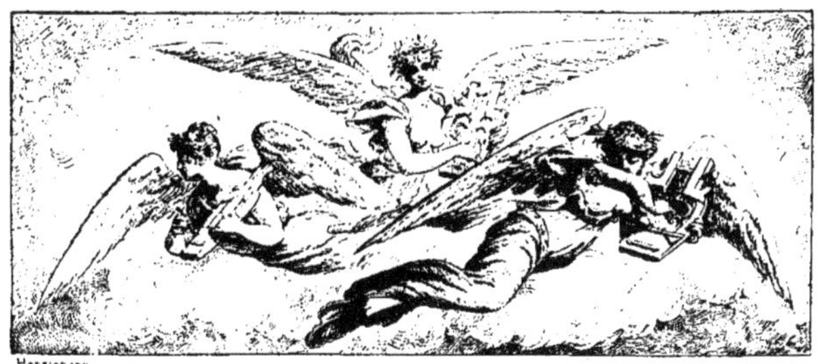

N° 1010

HERVIER

1010.   A mes Odes.
1011.   L'Histoire.
1012.   La Bande noire.
1013.   A mon Père.
1014.   Le Repos libre.
1015.   La Liberté.
1016.   La Guerre d'Espagne.
1017.   A l'Arc de Triomphe de l'Étoile.
1018.   La Mort de Mademoiselle de Sombreuil.
1019.   Le Dernier Chant.

(Odes et Ballades.)

G. JEANNIOT

1020.   Petite rue Picpus, numéro 62.
1021.   Il ne suffit pas d'être ivrogne pour être immortel.
1022.   Bien coupé.
1023.   La Maison à secret.
1024.   Jean Valjean.
1025.   Gavroche en marche.
1026.   De la rue Plumet au quartier Saint-Denis.
1027.   Buvard, bavard.

G. JEANNIOT

1028. Cinq de moins, un de plus.
1029. Marius hagard, Javert laconique.

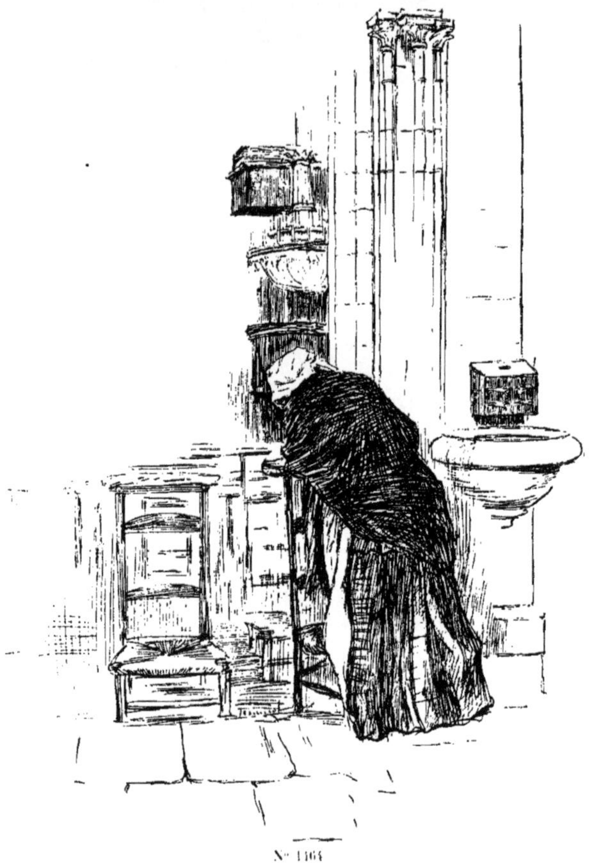

G. JEANNIOT

1030. Le Désordre partisan de l'Ordre.
1031. Les Héros.
1032. Prisonnier.
1033. La Terre appauvrie par la Mer.
1034. Détails ignorés.
1035. Le Cloaque et ses surprises.
1036. Le Fontis.
1037. Le septième Cercle et le troisième Ciel.
1038. La Chambre d'en bas.
1039. Dernières Palpitations de la lampe sans huile.
1040. L'Herbe cache et la Pluie efface.

(Les Misérables.)

ALB. JULIEN

1041. Napoléon III.

(Les Châtiments.)

KAUFFMANN

1042. Je ne me mets pas en peine.
1043. Jeanne chante; elle se penche.
1044. La Nature est pleine d'amour.
1045. Ami, j'ai quitté vos fêtes.
1046. A Jeanne.
1047. Les Étoiles filantes.

(Chansons des Rues et des Bois.)

E. LAURENT

1048. Les Profondeurs étaient nocturnes et funèbres.
1049. Regardez cet enfant de cinq ans; la feuillée...
1050. Maintenant, que chacun sonde son propre abime.
1051. Tyrannie! escalier qui dans le mal descend.

E. LAURENT

1052. Hélas! je me suis pris la tête dans les mains.
1053. Voyons, vous tous, que quelqu'un vienne.
1054. J'ai vu l'Inde; je plains la morne tchandâla.
1055. Les Maudits ont besoin de têtes inclinées.
1056. Tout se montre à demi. Voyons l'autre moitié.
1057. Vous insistez? Eh bien, insistons. J'y consens.
1058. Croyez-vous donc, songeurs qui vous apitoyez.
1059. Aux lueurs du flambeau par ma main soutenu.
1060. Oh! je dis aujourd'hui comme toi, mon vieux Dante.
1061. Et vous ne voulez pas que nous disions : Assez!
1062. J'ai tout pesé, j'ai vu le fond, j'ai fait la somme.

(La Pitié suprême.)

CAMILLE LEFÈVRE

1063. Mille chemins, un seul but.
1064. Oh! quand je dors, viens auprès de ma couche.
1065. Quand vous vous assemblez, bruyante multitude.

(Les Rayons et les Ombres.)

1066. L'Antéchrist.
1067. A un Passant.
1068. Le Cauchemar.

(Odes et Ballades.)

E. LEROUX

1069. Le Maître d'études.
1070. L'Enfant, voyant l'Aïeule à filer occupée.
1071. Le Poëte.

(Contemplations.)

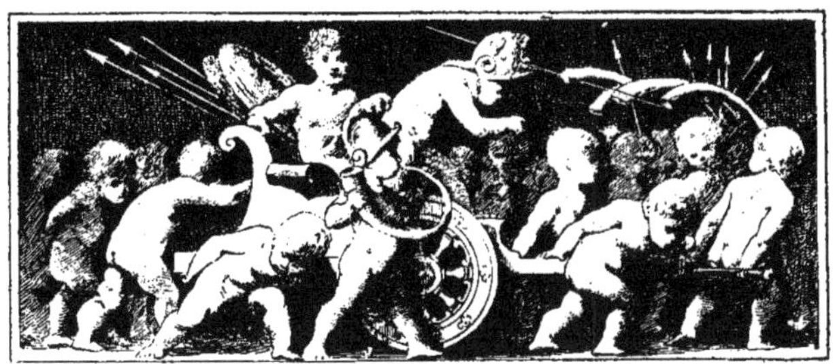

N° 1086

MANGONOT

1072.   Le Feu du ciel.
1073.   Canaris.
1074.   Les Têtes du Sérail.
1075.   Enthousiasme.
1076.   Navarin.
1077.   Cri de guerre du Mufti.
1078.   La Douleur du Pacha.
1079.   Chanson des Pirates.
1080.   La Captive.
1081.   Clair de lune.
1082.   Le Voile.
1083.   La Sultane favorite.
1084.   Le Derviche.
1085.   Le Château fort.
1086.   Marche turque.
1087.   La Bataille perdue.
1088.   Le Ravin.
1089.   L'Enfant.
1090.   Sara la Baigneuse.
1091.   Attente.
1092.   Lazzaro.
1093.   Vœu.
1094.   La Ville prise.

MANGONOT

1095. Adieux de l'hôtesse arabe.
1096. Malédiction.
1097. Les Tronçons du Serpent.
1098. Nourmahal la Rousse.
1199. Les Djinns.
1100. Le Sultan Achmet.
1101. Romance mauresque.
1102. Grenade.
1103. Les Bleuets.
1104. Fantôme.
1105. Mazeppa.
1106. Le Danube en colère.
1107. Rêverie.
1108. Extase.
1109. Le Poëte au Calife.
1110. Bounaberdi.
1111. Lui.
1112. Novembre.
1113. Cul-de-lampe.

(Les Orientales.)

MATTHIS

1114. Suite.
1115. Écrit en 1855.
1116. *Religio.*
1117. *Spes.*
1118. Ce que c'est que la Mort.
1119. Les Mages.
1120. Un jour, le morne esprit, le prophète sublime.
1121. Claire.
1122. A la fenêtre pendant la nuit.
1123. Éclaircie.

MATTHIS

1124.   Oh! par nos vils plaisirs, nos appétits, nos fanges.
1125.   Aux Anges qui nous voient.
1126.   *Cadaver.*
1127.   O gouffre! l'âme plonge et rapporte le doute.
1128.   A celle qui est voilée.
1129.   *Horror.*
1130.   *Dolor.*

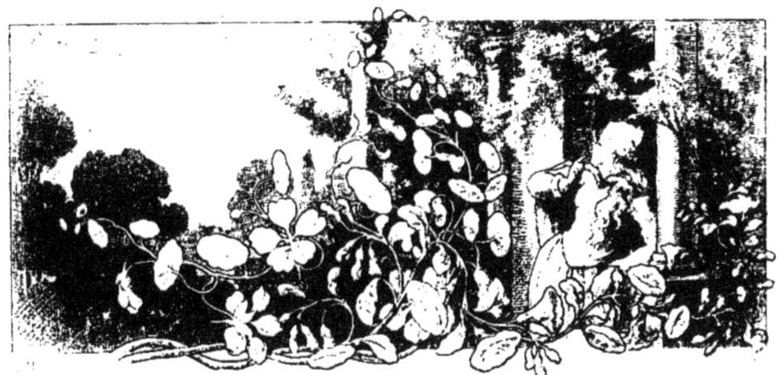

N° 1173

1131.   Hélas! tout est sépulcre. On en sort, on y tombe.
1132.   Voyage de nuit.
1133.   Écrit sur un exemplaire.
1134.   La Source.
1135.   La Statue.
1136.   *Magnitudo Parvi*   (*Contemplations.*)
1137.   Puits de l'Inde! tombeaux! monuments constellés.
1138.   Préface.   (*Les Rayons et les Ombres.*)
1139.   Préface.   (*Les Feuilles d'Automne.*)
1140.   Préface.   (*Les Orientales.*)
1141.   La nuit! la nuit! la nuit!
1142.   L'Épopée du Ver.

MATTHIS

1143. Le Poëte au Ver de terre.
1144. La Terre a vu jadis errer des paladins.
1145. Le Petit Roi de Galice.
1146. Éviradnus.
1147. Zim-Zizimi.
1148. 1453.
1149. Sultan Mourad.
1150. Le Bey outragé.
1151. La Chanson des doreurs de proues.
1152. Le Travail des captifs.
1153. *Homo duplex.*
1154. Verset du Koran.
1155. L'Aigle du casque.
1156. Les Conseillers probes et libres.
1157. La Défiance d'Onfroy.
1158. La Confiance du marquis Fabrice.
1159. Les Quatre Jours d'Elciis.
1160. Gaïffer-Jorge, duc d'Aquitaine.
1161. Masferrer.
1162. Je me penchais. J'étais dans le lieu ténébreux.

(Légende des Siècles.)

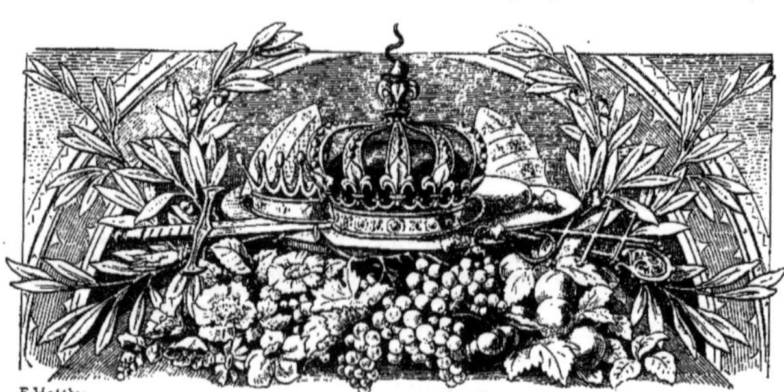

N° 1142

MENGIN.

1163.   Fleuves et Poëtes.
1164.   La Rose de l'Infante.
1165.   Les Raisons du Momotombo.

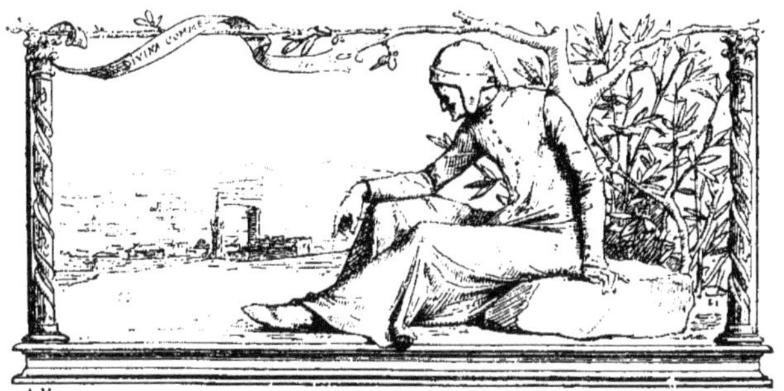

Nᵒ 1196

1166.   Mansuétude des anciens juges.
1167.   L'Échafaud.
1168.   Le Régiment du baron Madruce (Garde impériale suisse).
1169.   Liberté.
1170.   Le Groupe des Idylles.
1171.   Qu'est-ce que ce cercueil?
1172.   Je marchais au hasard.
1173.   Là-haut.
1174.   Ténèbres.

(*Légende des Siècles.*

1175.   A la France.
1176.   Prologue.
1177.   Sedan.
1178.   Choix entre les deux nations.
1179.   A Prince, Prince et demi.
1180.   Dignes l'un de l'autre.

MENGIN

1181. Paris bloqué.
1182. J'étais le vieux rodeur sauvage de la mer.
1183. Et voilà donc les jours tragiques revenus!
1184. Sept. Le chiffre du mal. Le nombre où Dieu ramène.
1185. Du haut de la muraille de Paris.
1186. Paris diffamé à Berlin.
1187. A tous ces princes.
1188. Bancroft.
1189. En voyant flotter sur la Seine des cadavres prussiens.
1190. A l'Évêque qui m'appelle athée.
1191. Capitulation.
1192. Avant la Conclusion du traité.
1193. Aux Rêveurs de monarchie.

(L'Année terrible.)

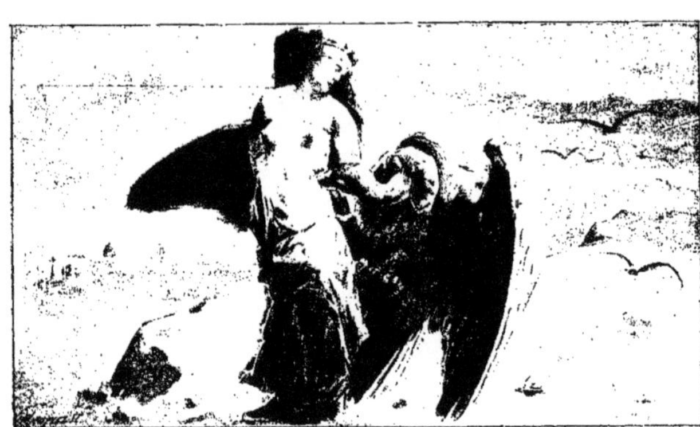

N° 1175

1194. Changement d'horizon.
1195. La Comète.
1196. Un Poëte est un monde enfermé dans un Homme.
1197. Le Retour de l'Empereur.

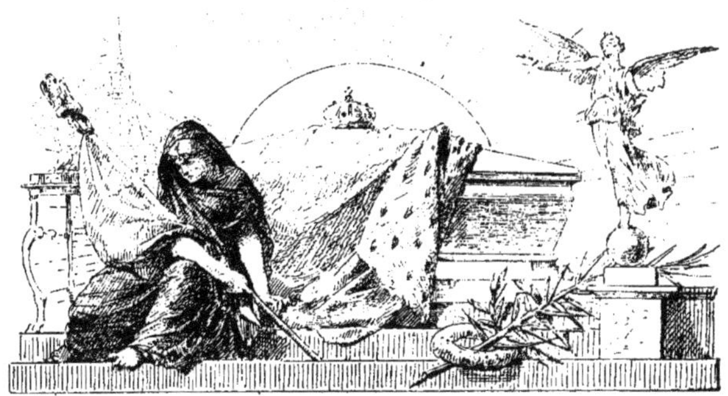

N° 1198

MENGIN

1198. Le 15 Décembre 1840.
1199. La Vérité.
1200. Tout était vision sous les ténébreux dômes.
1201. Jean Chouan.
1202. Après la Bataille.
1203. Le Cimetière d'Eylau.
1204. 1851. — Choix entre deux Passants.
1205. Écrit en exil.
1206. La Colère du bronze.
1207. France et Ame.
1208. Paroles dans l'épreuve.
1209. Les Pauvres Gens.
1210. *Ire, non ambire.*
1211. Le géant Soleil parle de la naine Étincelle.
1212. Petit Paul.
1213. Pleine Mer.
1214. La Trompette du jugement.
1215. Les Paroles de mon oncle.
1216. Les Fourches caudines.

(*Légende des Siècles.*)

1217. Préface,

(*Voix intérieures.*)

P. MERWART

1218. Les Cosaques aux Tuileries.

1219. Sindbad le marin.

1220. Effrayante charrue que celle des révolutions.

1221. Milton.

1222. Les Grecs aussi.

1223. Triomphe de César.

1224. A des petits enfants en classe.

1225. C'est durant ce loisir forcé, que Voltaire...

1226. Monsieur de Lammenais, aidé dans sa force par la force d'en haut...

1227. Lord Byron. Pardonnons-lui, il est mort si noblement; il est si bien tombé.

1228. Chez les Juifs... Quand le prêtre avait édifié l'autel, il y allumait le feu terrestre, et c'est alors seulement que le rayon divin y descendait du ciel.

1229. Les sacrifices... Les victimes brûlées vives dans ces cages d'osier à forme humaine.

1230. Le sylphe... Le sylphe après ne voudra qu'une bouche...
     Pour y mourir d'amour.

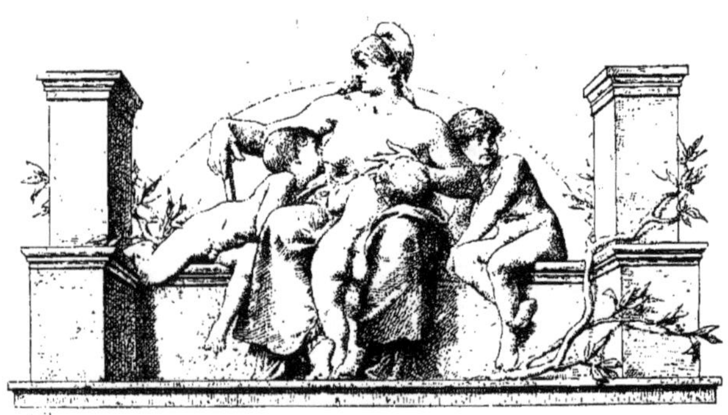

N° 1208

P. MERWART

1231. A Nevers, deux églises du onzième siècle servent d'écurie.
1232. Un soir, je m'appuyai contre les murs d'un pont sur la Seine... et là, regardé par quelques passants comme un fou, probablement, là, je souffrais tellement que je ne pouvais pleurer.
1233. Sur André Chénier.
1234. Du Génie.
1235. Les Barricades.
1236. L'Avenir.
1237. Le Passé.
1238. Suprématie de Paris.
1239. Fonctions de Paris.
1240. Déclaration de paix.
1241. La Saint-Charles en 1820.

(Littérature et Philosophie mêlées.)

MESPLÈS

1242. Affront sur affront.
1243. Le Couple.

(Lucrèce Borgia.)

L. MÉTIVET

1244. 20 Décembre 1848.
1245. Biographie.
1246. Pour faire suite au panégyrique.
1247. La Constitution.
1248. Le Conseil d'État.
1249. La Liberté de la Presse.
1250. *Non agitat inoleum.*
1251. Les deux profils de Bonaparte.
1252. Mais ce Gouvernement.

L. MÉTIVET

(Napoléon le Petit.)

PETIAU

(Odes et Ballades.)

RAFFAËLLI

1283. Quand je revins à moi.
1284. Il ne croit pas ce geôlier.
1285. J'ai vu ces jours passés.
1286. Je me souviens qu'un jour.

(Le dernier Jour d'un Condamné.)

RÉCIPON

1287. Ordre du jour de floréal.
1288. ΨΥΧΗ.
1289. *Paulo minora canamus.*
1290. Réalité.
1291. Jour de fête aux environs de Paris.

(Chansons des Rues et des Bois.)

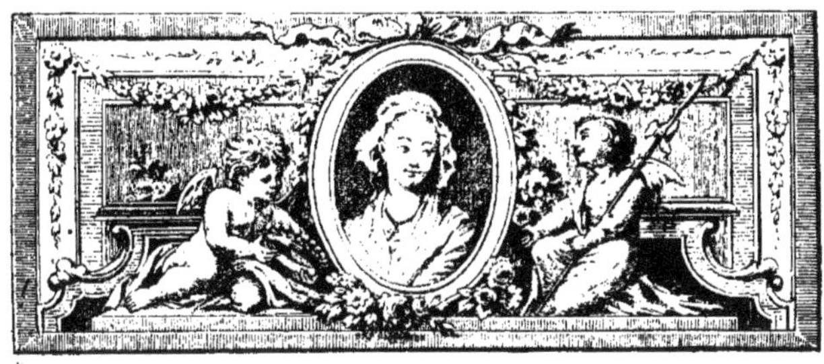

N° 1325

RÉGEREAU

1292. Le Poëte dans les révolutions.
1293. La Vendée.
1294. Les Vierges de Verdun.
1295. Quiberon.
1296. Louis XVII.

RÉGEREAU

1297. Le Rétablissement de la statue d'Henri IV.
1298. La Mort du duc de Berry.
1299. Naissance du duc de Bordeaux.
1300. Baptême du duc de Bordeaux.
1301. Vision.
1302. Buonaparte.
1303. Le Poëte.
1304. La Lyre et la Harpe.
1305. Moïse sur le Nil
1306. Le Dévouement.
1307. A l'Académie des Jeux floraux.
1308. Le Génie.
1309. La Fille d'O-Taïti.
1310. L'Homme heureux.
1311. L'Ame.
1312. Le Chant de l'Arène.
1313. Le Chant du Cirque.
1314. Le Chant du Tournoi.
1315. Épitaphe.
1316. Un Chant de fête de Néron.
1317. La Demoiselle.

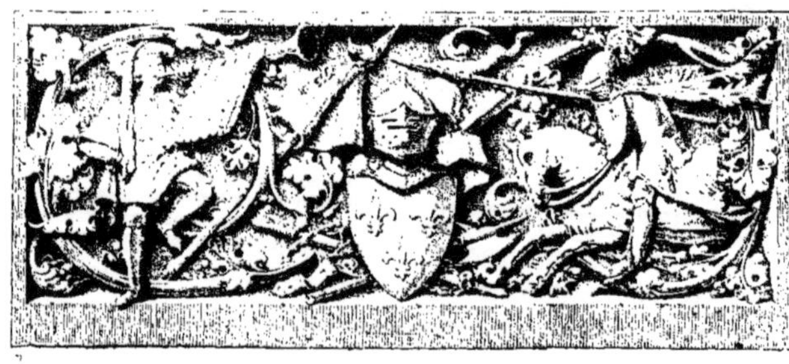

N° 1327

RÉGEREAU

1318.   A mon ami S.-B***.
1319.   Jéhovah.
1320.   Le Sylphe.
1321.   A Trilby, le lutin d'Argail.
1322.   La Fiancée du Timbalier.
1323.   La Mélée.
1324.   Les Deux Archers.
1325.   Écoute-moi, Madeleine.
1326.   La Chasse du Burgrave.
1327.   Le Pas d'armes du roi Jean.
1328.   La Légende de la Nonne.

(Odes et Ballades.)

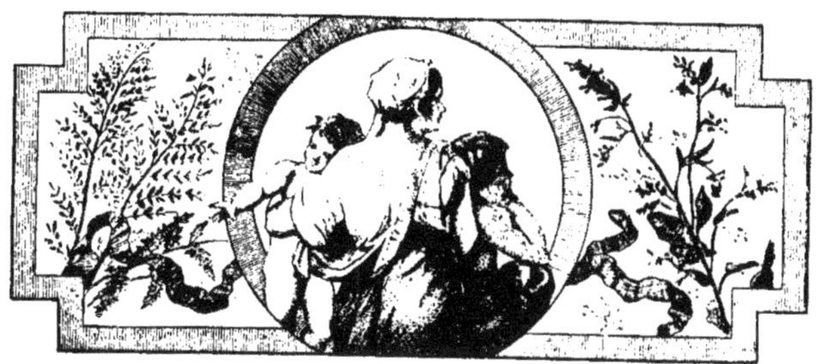

N° 1318

A. DE RICHEMONT

1329.   Ce Siècle est grand et fort.
1330.   *Sunt lacrymæ rerum.*
1331.   Quelle est la fin de tout ?
1332.   A l'Arc de Triomphe.
1333.   Dieu est toujours là.
1334.   « Oh ! vivons ! » disent-ils dans leur enivrement.
1335.   A Virgile.

A. DE RICHEMONT

1336. Venez que je vous parle, ô jeune enchanteresse.
1337. Pendant que la fenêtre était ouverte.
1338. A Albert Dürer.
1339. Puisque ici-bas toute âme.
1340. A Ol...
1341. Jeune homme, ce méchant fait une lâche guerre.
1342. Avril.
1343. La Vache.
1344. Passé.
1345. Soirée en mer.
1346. Dans Virgile parfois, Dieu tout près d'être un ange.
1347. A un Riche.
1348. Regardez. Les enfants se sont assis en rond.
1349. Dans ce jardin antique.
1350. A des Oiseaux envolés.
1351. A quoi je songe ?
1352. Une Nuit qu'on entendait la mer sans la voir.
1353. *Tentanda via est.*
1354. Après une lecture de Dante.
1355. *Pensar, dudar.*
1356. A Eugène vicomte H***.
1357. A Olympio.
1358. La Tombe dit à la Rose.
1359. O Muse, contiens-toi !

(Les Voix Intérieures.)

1360. Il meurt. L'Envie alors, ce démon vigilant.

(Contemplations.)

1361. Cul-de-lampe.

(Voix Intérieures.)

GEORGE ROUX

1362. Nos Morts.
1363. A qui la victoire définitive ?
1364. 1ᵉʳ Janvier.
1365. Lettre à une Femme.
1366. Ah ! c'est un rêve ! non ! nous n'y consentons point.

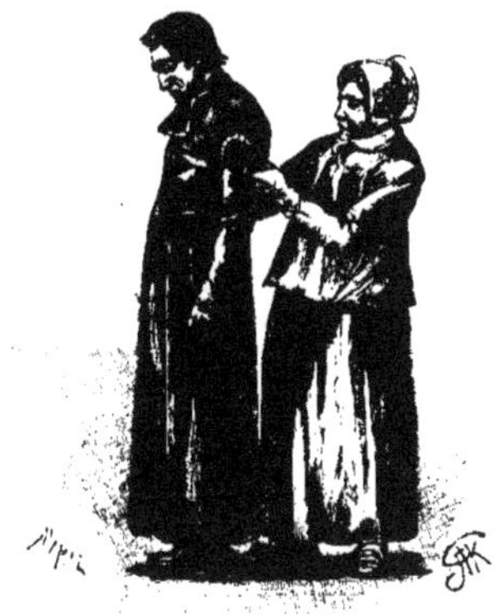

Nᵒ 1635

1367. Le Message de Grant.
1368. Au Canon le V. H.
1369. Prouesses borusses.
1370. Les Forts.
1371. Bêtise de la guerre.
1372. Sommation.
1373. Une Bombe aux Feuillantines.
1374. Dans le Cirque.
1375. Après les victoires de Bapaume, de Dijon et de Viller-
     sexel.

GEORGE ROUX

1376.   Entre deux Bombardements.
1377.   Loi de formation du progrès.
1378.   N'importe, ayons foi !

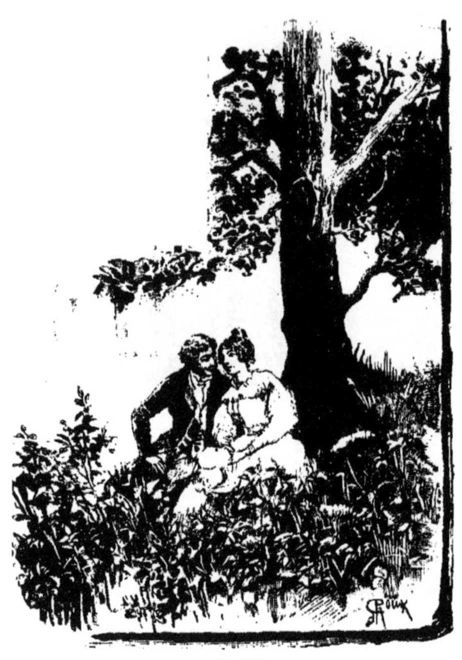

N° 1641

1379.   La Lutte.
1380.   Le Deuil.
1381.   L'Enterrement.
1382.   Talion.

GEORGE ROUX

1383. Les Fusillés.
1384. A Ceux qu'on foule aux pieds.
1385. A Viauden.

L'Année Terrible.

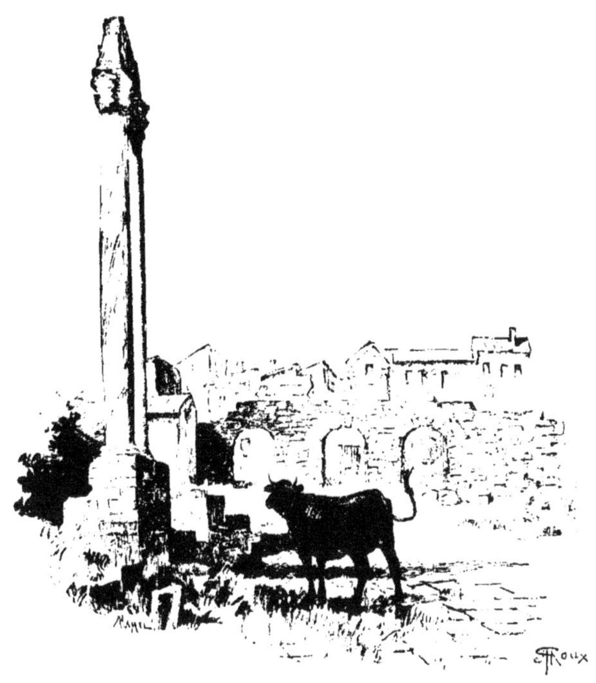

N° 1665

1386. Mon oncle avait fait construire.
1387. Un long soupir prolongé.

GEORGE ROUX

1388.   Jusqu'à ce jour.
1389.   Tous ces détails exaltèrent.
1390.   Un matin, Marie vient à moi.
1391.   Il y avait plus d'un quart d'heure.
1392.   Cependant les timbres.
1893.   Enfin un peloton de soldats.
1394.   A ton tour, à présent.
1395.   Cependant, la revue continuait.
1396.   Je m'enfuis dans la forêt.
1397.   Je marchais au milieu d'eux.
1398.   Pressé d'arriver à ce rendez-vous.
1399.   Rash nous suivait.   (*Bug-Jargal.*)

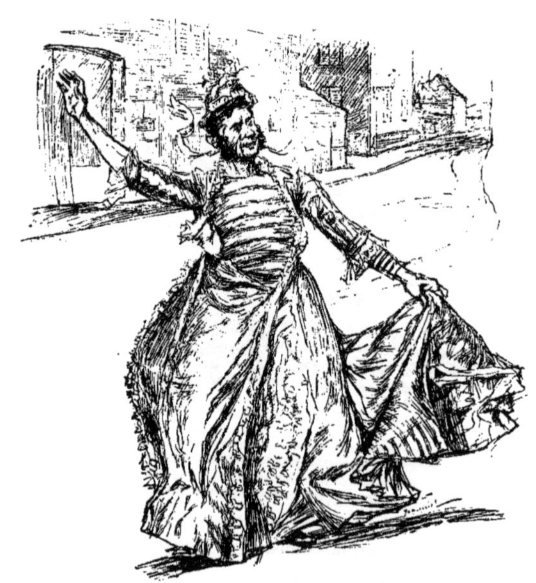

N° 1446

JOSÉ ROY

1400. Halte en marchant.

(*Les Chants du Crépuscule.*)

SLOM

1401. Paris pendant le Siège.
1402. La Maison attaquée.
1403. Rentrée à Paris.
1404. L'Armée allemande.
1405. Les Ombres illustres.
1406. Les Fortifications.
1407. France et Allemagne.
1408. Mort de Charles Hugo.
1409. Intérieur de la Maison attaquée.
1410. Viandes.
1411. A Léon Bigot.
1412. Funérailles d'Alexandre Dumas.
1413. Questions sociales.
1414. Mort de F.-Victor Hugo.
1415. Le Centenaire de Pétrarque.
1416. Mme Paul Meurice.
1417. Edgar Quinet.
1418. Frédérick Lemaître.
1419. George Sand.
1420. Pour la Serbie.
1421. Le 16 Mai.
1422. Dîner d'Hernani.
1423. Discours sur l'Afrique
1424. Fête de Besançon.
1425. Mort de Victor Hugo.
1426. Mes fils.

(*Après l'Exil.*)

WAGREZ

1427. Les Exilés.
1428. Représentation des Euménides.
1429. Shakespeare et son théâtre.
1430. Shakespeare dirigeant une représentation.
1431. Le Progrès éclairant le Monde.
1432. La Révolution a forgé le clairon.
1433. François-Victor Hugo.
1434. Le Poëte.

(William Shakespeare.)

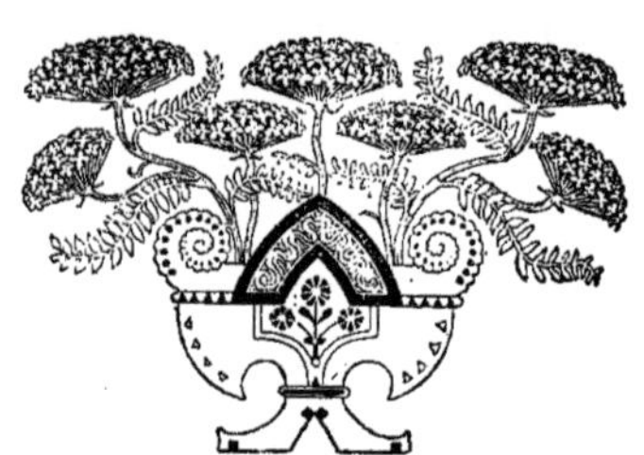

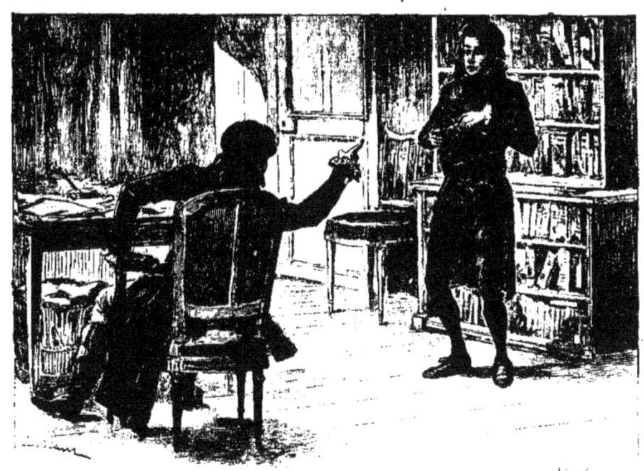

N° 1573

Dessins originaux pour l'illustration des ouvrages
suivants :

Le Pompon Vert. — La Russie. — Le Chevalier de Maison-
Rouge. — Les Chouans. — Les Beaux Messieurs de
Bois-Doré. — Sylviane. — Le Roi de Camargue. —
Mémoires des Autres. — Chronique de Charles IX.

JEANNIOT

1435-1472.   38 dessins pour l'illustration de *Le Pompon Vert*,
par GUSTAVE TOUDOUZE.

LANOS

1473-1491.   19 dessins pour l'illustration de *La Russie*, par
ARMAND SILVESTRE.

J. LE BLANT

1492.　La rue des Fossés-Saint-Victor.
1493.　La Bouquetière.
1494.　La femme Tison.
1495.　La Tentative d'évasion.
1496.　L'Échafaud.
1497-1580.　84 dessins.

(*Le Chevalier de Maison-Rouge.*)

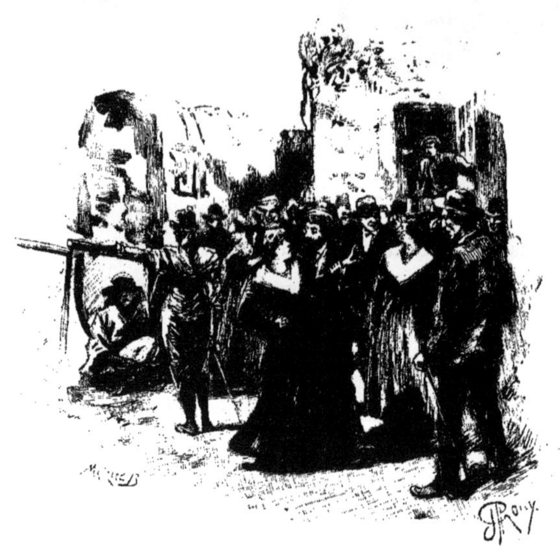

N° 1675

J. LE BLANT

1581.　L'Apparition.
1582.　Galope-Chopine.

(*Les Chouans.*)

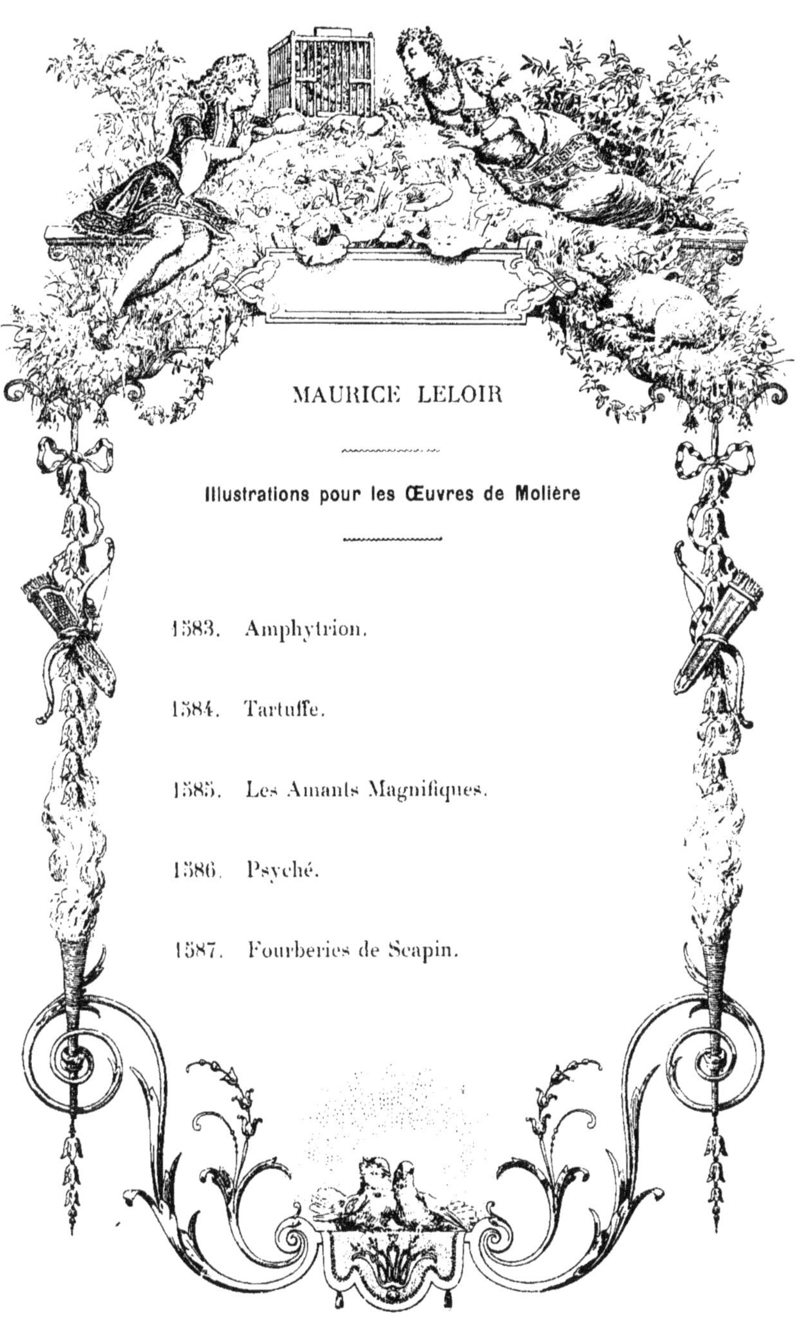

MAURICE LELOIR

Illustrations pour les Œuvres de Molière

1583. Amphytrion.

1584. Tartuffe.

1585. Les Amants Magnifiques.

1586. Psyché.

1587. Fourberies de Scapin.

ADRIEN MOREAU

1588. Les Prisonniers.
1589-1635. 47 dessins.

(Les Beaux Messieurs de Bois-Doré.)

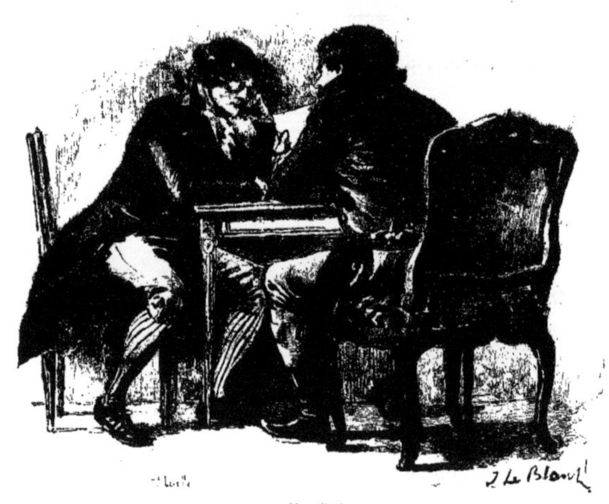

N° 1509

GEORGE ROUX

1636. Le Déjeuner dans le jardin.
1637. Moine adorant le Christ.
1638. Moine en extase devant le Christ.
1639-1665. 27 petits dessins pour l'illustration de *Sylviane*, par
FERDINAND FABRE.

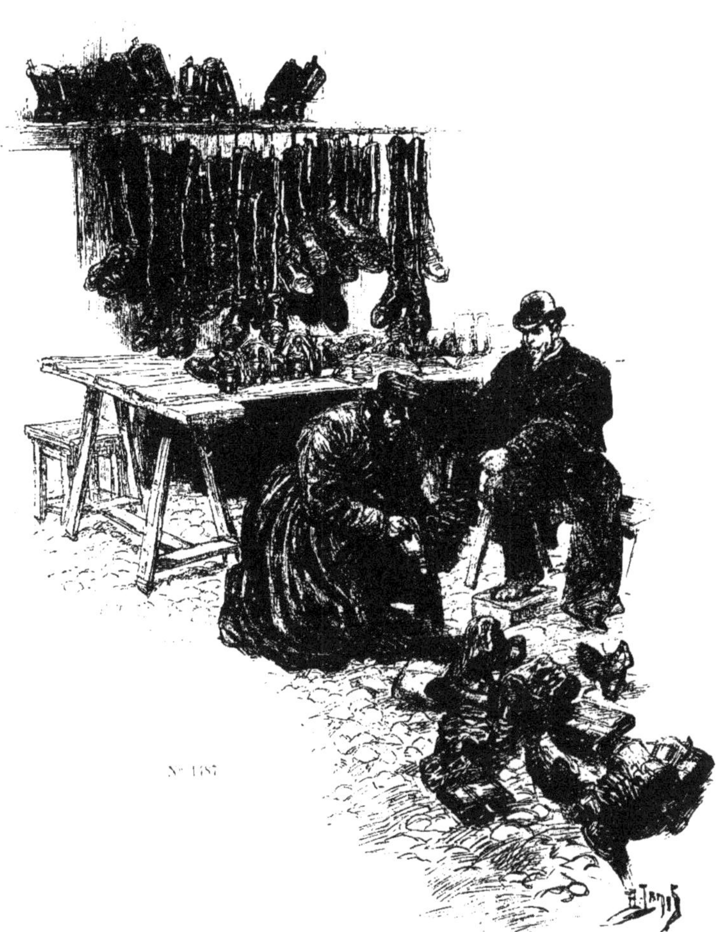

Nº 1187

GEORGE ROUX

1666.　Les Fiancés.
1667.　L'Adoration de la châsse.
1668-1694.　27 petits dessins pour l'illustration de *Le Roi de Camargue*, par JEAN AICARD.

NOEL SAUNIER

1695-1766.　72 dessins pour l'illustration des *Mémoires des Autres*, par JULES SIMON.

TOUDOUZE.

1767.　L'Hôpital.
1768-1769.　2 dessins.

(Chronique de Charles IX.)

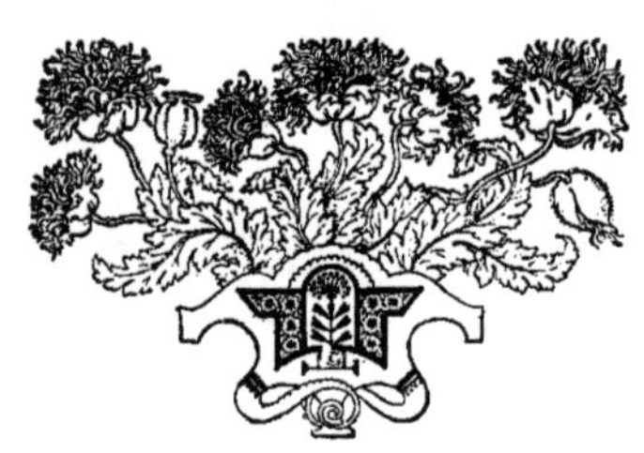